BIBLIOTECA antagonista

29

EDITORA ÂYINÉ

Belo Horizonte | Veneza

DIRETOR EDITORIAL
Pedro Fonseca

COORDENAÇÃO EDITORIAL
André Bezamat

CONSELHEIRO EDITORIAL
Simone Cristoforetti

EDITORA ÂYINÉ

Praça Carlos Chagas, 49 2° andar
CEP 30170-140 Belo Horizonte
+55 (31) 32914164
www.ayine.com.br
info@ayine.com.br

IAN McEWAN
BLUES DO FIM DOS TEMPOS

TRADUÇÃO **André Bezamat**

PREPARAÇÃO
Érika Nogueira Vieira | **Silvia Massimini Felix**

REVISÃO **Ana Martini** | **Fernanda Alvares**

TÍTULO ORIGINAL:

END OF THE WORLD BLUES

© 2007 by Ian McEwan
End of the World Blues was originally given as a lecture at Stanford University in January 2007
© 2019 EDITORA ÂYINÉ

IMAGEM DA CAPA: **Julia Geiser**
PROJETO GRÁFICO: **ernésto**

SUMÁRIO

BLUES DO FIM DOS TEMPOS..**15**

BLUES DO FIM DOS TEMPOS

Desde 1839, o inventário mundial de fotografias vem aumentando num ritmo cada vez mais rápido, multiplicando-se em uma quase infinidade de imagens, como um simulacro de biblioteca borgiana. Essa tecnologia assombrosa já nos acompanha há tanto tempo que, se olharmos para uma cena de multidão em uma rua movimentada, digamos, do fim do século XIX, podemos ter certeza de que cada uma daquelas figuras está morta. Não apenas o jovem casal que descansa ao lado de um gradil do parque, mas também a criança com o arco e a vara, a babá empertigada, o bebê solene sentado rígido no carrinho — a vida deles seguiu seu curso, e todos se foram. Ainda assim, congelados em sépia, estão curiosamente alheios ao fato de que vão morrer. Como disse Susan Sontag:

> As fotografias declaram a inocência, a vulnerabilidade de vidas que rumam para a própria destruição. A fotografia é o in-

ventário da mortalidade. Basta agora pressionar um dedo para dotar um momento de ironia póstuma — uma frase que, devo dizer, me agrada muito. As fotografias mostram as pessoas incontestavelmente presentes e em uma época específica de suas vidas; reúnem pessoas e coisas que um instante depois se dispersaram, mudaram, seguiram o curso de seu destino independente.

Um dia isso também pode ocorrer com uma fotografia de todos nós, hoje aqui reunidos nesta sala. Imaginemo-nos sendo analisados em uma antiga fotografia daqui a duzentos anos, considerados com indolência por um futuro observador como excentricamente antiquados, tomados pela evidente relevância de nossas preocupações, ignaros quanto ao dia e à forma de nosso destino há muito finalizado – finalizado em massa. Estamos muito acostumados a reflexões acerca da mortalidade individual – trata-se da força que modela a narrativa de nossa existência. Esses pensamentos surgem já na infância como um fato defletor, e podem ressurgir na adolescência como uma realidade trágica que todos aqueles à nossa volta parecem negar. Então talvez esmaeçam no turbilhão da vida adulta para voltar, digamos, em um ataque premonitório de insônia. Uma das mais elevadas reflexões seculares sobre a morte está em *Aubade*, de Larkin:

> ... *A certa extinção para onde seguimos*
> *E onde nos dispersaremos em sempre. Não estar aqui,*
> *Não estar algures,*
> *E logo; nada mais sinistro, nada mais seguro.*

Confrontamos nossa mortalidade em conversas particulares e nas constelações familiares da religião – «aquele vasto brocado musical devorado por traças», considerava Larkin, «criado para fingir que não morremos». E a vivenciamos como uma tensão criativa, um paradoxo estimulante em nossa arte e literatura: aquilo que é retratado, amado ou celebrado pode não durar, e a obra deve procurar sobreviver ao seu criador. Larkin afinal de contas está morto. A não ser que sejamos suicidas determinados e bem organizados, não nos é possível saber a data de nosso fim, mas sabemos que ele acontecerá dentro de uma janela de possibilidades biológicas que, à medida que envelhecemos, diminui até seu término.

Estimar a natureza e o momento de nosso fim coletivo, não de uma sala cheia, mas do fim de uma civilização, de todo o projeto humano, é ainda mais difícil. Ele pode ocorrer nos próximos cem anos ou não acontecer em dois milênios, ou ainda se passar em uma lentidão bastante imperceptível, como um gemido, não como um estrondo. Mas, diante dessa incognoscibilidade, com frequência floresceram certezas categóricas quanto à proximidade do fim. Ao longo da história, a humanidade se deslumbrou com histórias que previam o momento e a forma de nossa destruição definitiva, muitas vezes traduzidas por ideias de punição divina e redenção final, o fim da vida na Terra, a extinção ou os últimos dias, o fim dos tempos, o apocalipse.

Muitas dessas histórias são relatos muito detalhados do futuro e de nossa devota suposição. Os movimentos apocalípticos contemporâneos, cristãos ou islâmicos, alguns violentos, outros não, parecem compartilhar a fantasia de um fim brutal e influenciar profundamente nossa política. A mente apocalíptica pode ser demonizadora, ou seja, existem outros grupos, outras fés que ela abomina por venerar falsos deuses, e seus adeptos, é claro, não escaparão ao fogo do inferno. A mente apocalíptica tende a ser totalitária, ou seja, trata de ideias intangíveis e monolíticas, fundadas em crenças sobrenaturais e duradouras, imunes a evidências ou à falta delas, e indiferentes ao impacto de novos dados e informações.

Em consequência, acabam surgindo momentos de páthos não intencionais, até mesmo cômicos, e talvez algo de nossa natureza se veja revelado à medida que o futuro tem constantemente de ser reescrito: um novo anticristo, novas bestas, novas Babilônias e novas meretrizes reinventados, e os antigos encontros com a ruína e a redenção são logo substituídos pelos seguintes.

Nem mesmo o mais superficial dos estudantes do apocalipse cristão poderia se dar ao luxo de ignorar a obra de Norman Cohn. Seu magistral *The Pursuit of the Millennium* foi publicado há cinquenta anos e nunca deixou de ser reeditado desde então. Trata-se de um estudo acerca de vários movimentos do fim dos tempos que se difundiram por toda a Europa Setentrional entre os séculos XI e XVI. Essas seitas, normalmente inspiradas no simbolismo do Livro do Apocalipse, lideradas por um profeta carismático da classe dos artesãos ou dos que não possuíam terras, convergiam na convicção de um fim iminente, seguido pela instauração do Reino de Deus na Terra. A fim de se preparar para esse evento, acreditou-se necessário o massacre de judeus, padres e donos de terras. Uma turba fanática, constituída por dezenas de milhares de indivíduos fortemente oprimidos, muitas vezes famintos e desabrigados, erravam de cidade em cidade, cheios de esperança bárbara e de intenções homicidas. As autoridades, tanto da Igreja como seculares, abatiam esses bandos com violência esmagadora. Alguns anos depois ou na geração seguinte, com um novo líder e objetivos um pouco distintos, surgia outro grupo. Vale lembrar que a massa empobrecida que seguia os cavaleiros das primeiras Cruzadas iniciou sua jornada matando milhares de judeus na área do Alto

Reno. Nesta época em que muçulmanos de tendência radical praguejam sua fórmula de imprecações contra o suposto conluio entre judeus e cristãos, seria bom lembrar que tanto o judaísmo quanto o islamismo foram vítimas dos cruzados.

Hoje o massacre abrandou, mas o que surpreende os leitores de Cohn são os traços comuns entre os pensamentos apocalípticos medievais e os contemporâneos. Em primeiro lugar e em geral, está a resiliência das profecias daqueles que acreditam no fim dos tempos; nos últimos quinhentos anos, anuncia-se uma data, nada acontece, ninguém se sente dissuadido a inventar outra. Em segundo lugar, o Livro do Apocalipse criou uma tradição literária que manteve viva na Europa medieval a fantasia derivada da tradição judaica da eleição divina. Então os cristãos também podiam ser o povo eleito, salvo ou escolhido, e não havia repressão oficial que pudesse abrandar o apelo dessa ideia aos desprivilegiados ou aos mais sugestionáveis. Terceiro, sempre paira a figura de um único homem aparentemente virtuoso, alçado à eminência, mas na verdade sedutor e satânico. É o Anticristo. Nos cinco séculos que Cohn pesquisa, esse papel cabe ao papa, como acontece com frequência nos dias atuais.

Por fim, existe a adaptabilidade ilimitada, o apelo perene e a fascinação por si só do Livro do Apocalipse, texto central dessa crença. Quando Cristóvão Colombo chegou à América, atracando nas Bahamas, acreditava ter encontrado — e ser o predestinado a encontrar — o paraíso terrestre prometido no Apocalipse. Colombo acreditava que ele próprio estava envolvido nos planos de Deus para o reino milenar na Terra.

O acadêmico Daniel Wojcik cita um relato de Colombo sobre sua primeira viagem: «Deus me fez mensageiro do novo paraíso e da nova terra dos quais ele falou no Apocalipse de São João, e me mostrou o local onde encontrá-lo». Cinco séculos depois, os Estados Unidos, país responsável pela maioria das pesquisas científicas do mundo e ainda uma terra de abundância, apresentam ao planeta uma farta oferta de pesquisas de opinião relativas às convicções religiosas; a litania será familiar: 90% dos americanos dizem nunca ter duvidado da existência de Deus e ter certeza de que um dia responderão por seus pecados; 53%

são criacionistas, que acreditam que o cosmo não data de mais de 6 mil anos; 44% estão convencidos de que Jesus retornará dentro de cinquenta anos para julgar os vivos e os mortos; e apenas 12% acreditam que a vida na Terra evoluiu através da seleção natural sem nenhuma intervenção sobrenatural.

Em geral, a crença na profecia bíblica do fim dos tempos em um mundo purificado pela catástrofe e então redimido e completamente convertido em cristão e libertado de conflitos pelo retorno de Jesus em nosso tempo de vida é mais forte nos Estados Unidos do que em qualquer outro lugar no planeta. Ela vai desde os grupos mais marginais, com baixo grau de escolaridade e economicamente vulneráveis, até as milhares de pessoas com diploma superior, as elites do governo e o alto escalão do poder. O cientista social J. W. Nelson aponta que «as ideias apocalípticas são tão americanas quanto os cachorros-quentes». Wojcik nos lembra da onda de ansiedade que varreu o mundo em abril de 1984, quando o presidente Reagan demonstrou um enorme interesse pela profecia bíblica do suposto Armagedom iminente. Para a mente secular, os números da pesquisa possuem uma qualidade prazerosamente chocante. É possível até considerá-los uma forma de pornografia ateísta, mas pode ser prudente refletir antes de prosseguir. Talvez valha a pena manter certo grau de ceticismo em relação a esses números. Para começar, as pesquisas variam de maneira considerável: uma delas diz 90%, outra indica 53%. Do ponto de vista do entrevistado, o que se ganha ao negar categoricamente a existência de Deus para um estranho com uma prancheta? E é mais provável que aqueles que relatam acreditar que a Bíblia é literalmente a palavra de Deus, de onde derivam todos os preceitos morais adequados, estejam pensando no amor, na compaixão e no perdão em termos mais gerais, em vez da posse de escravos ou limpeza étnica através do infanticídio ou do genocídio, incitado tantas vezes pelo Deus caprichoso do Antigo Testamento.

Além disso, a mente é capaz de uma engenhosa compartimentalização. Em um momento, uma pessoa pode acreditar em segredo nas previsões do Armagedom durante seu tempo de vida; em outro, simplesmente pode pegar o telefone para se informar sobre um fundo de investimento para a faculdade dos netos ou sobre a aprovação de medidas de longo prazo para a contenção do aquecimento global, ou até votar nos democratas, como fazem muitos hispânicos que interpretam a Bíblia em termos literais. Na Pensilvânia, no Kansas e em Ohio, os tribunais já expediram vereditos rejeitando casos que levavam em conta um suposto criador do Universo, e os eleitores rechaçaram criacionistas dos conselhos escolares. No caso Dover, que ocorreu em 2005, o juiz Jones, John Jones III, indicado por Bush, desferiu uma sentença que não apenas foi uma rejeição contundente do prospecto de ideias sobrenaturais em aulas de ciência, mas também um elegante resumo do projeto das ciências em geral e da seleção natural em particular, além de um robusto endosso dos valores racionais iluministas que fundamentam a Constituição.

Não obstante, o Livro do Apocalipse, livro final da Bíblia e talvez o mais bizarro, certamente o mais atrativo, conserva grande importância nos Estados Unidos, assim como teve na Europa da Idade Média. Devemos ter bastante claro o significado da palavra «apocalipse», que é derivada do termo grego para «revelação». «Apocalipse», que se tornou sinônimo de catástrofe, na verdade refere-se à forma literária por meio da qual um indivíduo descreve aquilo que lhe foi revelado por um ser sobrenatural. Havia uma longa tradição judaica de profecias e existiam centenas, senão milhares, de profetas como João de Patmos entre os séculos II a.C. e I d.C. Muitos outros apocalipses cristãos foram privados de autoridade canônica. No século II, o Apocalipse sobreviveu muito possivelmente porque seu autor foi confundido com o bem-amado apóstolo João. Ele não foi incluído na Bíblia Ortodoxa Grega, e é interessante especular como a história medieval europeia, e por conseguinte toda a história religiosa da Europa e dos Estados Unidos, teria sido diferente caso o Livro do Apocalipse tampouco tivesse sido mantido, como quase não foi, na Bíblia que conhecemos.

O consenso acadêmico data o Apocalipse do ano 95 ou 96 d.C. Pouco se sabe sobre seu autor além do fato de que certamente não se trata do apóstolo João. A ocasião da escrita parece ter sido a época da perseguição dos cristãos perpetrada pelo imperador Domiciano. Apenas uma geração antes os romanos saquearam o Segundo Templo de Jerusalém, sendo portanto identificados com os babilônios, que haviam destruído o Primeiro Templo séculos antes. O propósito geral era muito provavelmente oferecer esperança e consolo aos fiéis com a certeza de que seus infortúnios teriam fim, que o Reino de Deus prevaleceria. Desde a época de Joachim di Fiore, influente historiador do século XII, o Apocalipse tem sido visto por diversas tradições, de complexidade e divergência variadas, como um panorama da história humana, em cujo estágio final nos encontramos. Por outro lado, sobretudo nos Estados Unidos do pós-guerra, ele era tomado apenas como um relato daqueles últimos dias. Durante séculos, na tradição protestante, o Anticristo era identificado com o papa ou com a Igreja católica em geral. Nas últimas décadas, tal honra foi concedida à União Soviética, à União Europeia, ao secularismo e aos ateístas. Para muitos dispensacionalistas do novo milênio, pacificadores internacionais que arriscam retardar a luta final por meio de acordos entre as nações, a ONU e o Conselho Mundial de Igrejas também são vistos como forças satânicas.

O elenco ou o conteúdo do Apocalipse em suas representações contemporâneas possui todos os espalhafatos de um jogo de computador. Terremotos e incêndios, cavalos galopando e seus cavaleiros, anjos retumbando trombetas, frascos mágicos, Jezebel, um dragão vermelho e outras bestas míticas, além de uma meretriz. Outro aspecto familiar é a potência dos números: sete selos, sete cabeças de bestas, sete velas, sete estrelas, sete lampiões, sete trombetas, sete anjos e sete frascos. Em seguida quatro cavaleiros, quatro bestas com sete cabeças, dez chifres, dez coroas, vinte e quatro anciões, doze tribos com 12 mil membros e, finalmente, o que mais chama a atenção, englobando dezenove séculos da mais pura bobagem, a citação: «Aqui há sabedoria. Aquele que tem entendimento, calcule o número da besta; porque é o número de um homem, e seu número é seiscentos e sessenta e seis». (Ap 13:18). Para muitas mentes por aí, o número 666 está cheio de significado. A internet está apinhada de especulações sobre códigos de barras de supermercados, chips implantados, códigos numéricos no nome dos líderes mundiais. Contudo, o registro mais antigo desse famoso verso, do sítio de Oxirrinco, apresenta o número 616, assim como a Bíblia de Zurique, e tenho a impressão de que qualquer número serviria. Percebe-se na aritmética da profecia os anseios de uma mente sistemática despojada dos alicerces científicos experimentais que acabaria emprestando fortes tendências humanas à sua mais rica expressão muitos séculos mais tarde. A astrologia dá uma impressão semelhante de obsessão numérica funcionando em um vazio absurdo. No entanto, o Apocalipse resistiu em uma era de tecnologia e ceticismo. Não muitas obras literárias, nem mesmo a *Odisseia* de Homero, podem gabar-se de tão amplo apelo em tamanha extensão temporal.

Um caso famoso dessa ferrenha permanência é o de William Miller, o fazendeiro do século XIX que se tornou profeta e desenvolveu uma série de cálculos intricados baseada em uma frase do versículo 14 do Livro de Daniel, que diz: «E ele me disse: Até duas mil e trezentas tardes e manhãs; e o santuário será purificado». (Dn 8:14). Valendo-se de várias razões, essa declaração dataria de 457 a.C. e, levando-se em conta, como muitos levavam, que um dia profético equivalia a um ano, Miller chegou à conclusão de que o fim dos dias ocorreria em 1843. Alguns de seus seguidores refinaram ainda mais o cálculo e chegaram ao dia 22 de outubro daquele ano. Quando nada aconteceu naquele dia, o ano foi rapidamente atualizado para 1844, levando em conta o ano zero. Milhares de fiéis milleristas se reuniram para aguardar. Talvez não tenham dividido suas crenças, mas é bastante possível compreender seu desencanto lancinante. Uma testemunha escreveu:

> Esperávamos piamente ver Jesus Cristo e todos os anjos sagrados com ele, e que nossos suplícios e sofrimentos, junto com nossa peregrinação terrena, se encerrariam e seríamos arrebatados para ir ao encontro de nosso Senhor vindouro; por isso procuramos nosso Senhor vindouro até o badalar da meia-noite. O dia então tinha acabado e nossa decepção tornou-se uma certeza. Nossas mais sinceras esperanças e expectativas foram destruídas e uma vontade terrível de chorar nos abateu como nunca. Parecia que nem a dor da perda de

amigos terrenos tinha comparação. Choramos e choramos até o amanhecer.

Uma maneira de lidar com a desilusão foi atribuir-lhe um nome, e o episódio ficou conhecido como «A Grande Decepção» – com as devidas maiúsculas. Ainda mais considerável, de acordo com o impressionante relato recente de Kenneth Newport a respeito do Cerco de Waco, logo no dia seguinte à Decepção, Hiram Edson, um dos líderes milleristas em Port Gibson, Nova York, teve uma visão enquanto caminhava, uma revelação súbita de que a limpeza do santuário se referia a eventos no céu, não na terra. Jesus finalmente conquistara seu lugar no sagrado ou nos sagrados celestiais. A data sempre estivera certa, eles só haviam errado o local. Essa jogada de mestre, nas palavras de Newport, essa boia teológica levou todo o caso para uma dimensão imune a reprovações. A Grande Decepção fora explicada e muitos milleristas foram atraídos, com uma esperança ainda vigorosa em seu coração, para os rudimentos da Igreja Adventista do Sétimo Dia, que se tornaria uma das mais bem-sucedidas dos Estados Unidos.

Por alto, percebo a conexão entre essa igreja e as seitas medievais que Cohn descreve: a forte ênfase dada ao Livro do Apocalipse, a proximidade iminente do fim dos dias, a estrita divisão entre os leais remanescentes que mantêm o sabá e a vasta fileira daqueles que se unem aos «caídos», ao Anticristo identificado no papa, cujo título, Vicarius Filii Dei, supostamente tinha o valor numérico de 666.

Mencionei a jogada de mestre de Hiram Edson na manhã seguinte para ilustrar a adaptabilidade e a resiliência do pensamento apocalíptico. Há séculos, ele tem o fim como iminente, senão na semana seguinte, no próximo ano ou no posterior. O fim nunca chega, mas ainda assim ninguém fica muito tempo desamparado. Novos profetas, e logo uma nova geração refaz os cálculos e sempre encontra uma maneira de se deparar com o fim espreitando ainda em seu tempo de vida. Aqueles que venderam milhões, como Hal Lindsey, previram o fim do mundo pelos anos 1970, 1980 e 1990, e atualmente os negócios nunca estiveram tão bem. Há uma fome por essa notícia, e talvez vislumbremos aqui algo em nossa natureza, algo das noções que carregamos em nosso âmago sobre o tempo e sobre nossa própria insignificância em relação à intimidante vastidão da eternidade ou à idade do Universo – a partir de nossa escala humana há pouquíssima diferença. Temos a necessidade de um enredo, uma narrativa que acolha nossa irrelevância no fluxo das coisas.

No que se refere à finitude, Frank Commode sugere que a persistência, a vitalidade do Livro do Apocalipse indica uma consonância com nossas necessidades mais ingênuas de ficção. Nascemos e morreremos no meio das coisas, suspensos. Para dar sentido ao nosso tempo de vida, precisamos daquilo que ele chama de concordâncias fictícias com origens e fins. O final grandioso como imaginamos refletirá nossas expectativas intermediárias irredutíveis. Sendo assim, o que poderia nos dar mais sentido em contraposição ao abismo do tempo do que identificar nosso próprio fim pessoal com uma aniquilação purificadora de tudo o que existe? Commode cita, com a aprovação de Wallace Stevens: «A imaginação se encontra sempre no fim de uma era». Até nossas noções de decadência contêm esperanças de renovação. Tanto os religiosos quanto os mais seculares achavam que a transição para o ano 2000 era dotada de um significado inegável. Ainda que os ateístas tenham apenas festejado com um pouco mais de afinco, não deixava de ser uma transição incontestável, a passagem de uma era antiga para uma nova. E quem afirmaria agora que Osama Bin Laden não decepcionou, tenha você lamentado o alvorecer do novo milênio com os enlutados entre as ruínas de Manhattan ou pulado de alegria, como alguns fizeram na Faixa de Gaza?

A escatologia islâmica desde sua origem abraçou a necessidade de conquistar o mundo com violência e de colecionar almas para a fé antes do momento esperado do julgamento. Uma noção que ganhou e perdeu força ao longo dos séculos, mas que nas últimas décadas recebeu um novo alento vindo do Revivalismo Islâmico. É em parte um reflexo da tradição protestante cristã, com um mundo todo islâmico, tendo Jesus como oficial de Maomé, e em parte uma fantasia do inevitável regresso ao espaço sagrado, o califado que abarca grande parte da Espanha, trechos da França e todo o Oriente Médio, até a fronteira com a China. Como na trama cristã, o islã prevê a destruição ou a conversão dos judeus. A crença profética no judaísmo, a fonte original das escatologias islâmicas e cristãs, é surpreendentemente mais branda. Talvez certa ironia na relação entre os judeus e seu Deus seja hostil a uma crença no fim dos tempos hoje em dia, mas ela perdura com vigor no Movimento Lubavitch e em vários grupos de colonizadores israelenses e, é claro, diz respeito sobretudo ao direito divino de terras em disputa.

Devemos acrescentar à mistura algumas crenças apocalípticas seculares mais recentes: a certeza de que o mundo está inevitavelmente condenado pela destruição nuclear, por epidemias virais, meteoritos, pelo crescimento populacional ou pela degradação ambiental. Enquanto essas calamidades são expostas como meras possibilidades em um futuro distante, que pode ser desviado pela sábia influência humana, não podemos considerá-las apocalípticas; elas são ameaçadoras, são chamados à ação. Mas, quando são apresentadas como resultados inevitáveis de forças infalíveis da história ou falhas humanas intrínsecas, acabam se aproximando muito de seus equivalentes religiosos, ainda que careçam dos aspectos redentores de expurgo de demônios e que não possuam o tipo de supervisão de entidade sobrenatural que possa oferecer um caráter e propósito benignos a uma extinção em massa. Claramente o fatalismo é comum a ambos os campos, e os dois, em termos bastante razoáveis, estão muito preocupados com o holocausto nuclear que, para os crentes proféticos, ilumina em retrospecto passagens da Bíblia que outrora pareciam obscuras. Hal Lindsey, proeminente entre os popularizadores do pensamento apocalíptico americano, escreve:

> Zacarias 14,12 prevê que: «a sua carne apodrecerá, estando eles em pé, e lhes apodrecerão os olhos nas suas órbitas, e a língua lhes apodrecerá na sua boca» (Zc 14:12). Durante centenas de anos, ele escreve: «estudiosos da profecia bíblica se perguntaram que tipo de praga seria capaz de produzir tamanho estrago imediato de vidas humanas». Até o advento da bomba atômica, tal fato não era humanamente possível, mas agora tudo que Zacarias previu pode se realizar em um ataque termonuclear.

Outros dois movimentos, hoje já felizmente derrotados ou falidos, proporcionam mais uma conexão entre os apocalipses religioso e secular, assim concluiu Norman Cohn nas páginas finais de *The Pursuit of the Millennium*. A tendência genocida entre os movimentos apocalípticos medievais se arrefeceu de alguma forma depois do século XV. Crenças enérgicas no fim dos tempos se mantiveram nos movimentos puritano e calvinista, nos milleristas, que já citamos, e no Grande Despertar americano, nos mórmons, nas testemunhas de Jeová e nos adventistas. A tradição homicida, no entanto, não morreu por completo, sobreviveu durante séculos em várias seitas, vários ultrajes, para emergir no século XX europeu transformada, revitalizada, secularizada, mas ainda assim reconhecível naquilo que Cohn retrata como a essência do pensamento apocalíptico, a tensa expectativa de uma luta final definitiva, em que um mundo tirânico será derrubado pelo povo escolhido. E através da qual o mundo será renovado e a história, consumada. A vontade de Deus foi transformada no século XX em vontade da história, mas a demanda essencial segue como em nossos dias: purificar o mundo através da destruição dos agentes da corrupção. Os sombrios devaneios do nazismo acerca dos judeus tinham muita proximidade com a assassina demonologia antissemita da era medieval. Um importante elemento adicional vindo da Rússia foi o Protocolo dos Sábios de Sião, a farsa de 1905 da polícia czarista que Hitler e outros alçaram a uma ideologia racista. É interessante notar como o tratado voltou a emergir como um texto central para os islâmicos, muitas vezes citado em sites e comercializado em bancas de rua pelo Oriente Médio. O Terceiro Reich com seu sonho de domínio milenar saqueou, ainda que em versão laica, o Livro do Apocalipse.

Cohn nos chama a atenção para a linguagem apocalíptica de *Minha luta*: «Se nossa gente for vítima desses tiranos judeus das nações ávidas por sangue e ouro, toda a terra sucumbirá. Se a Alemanha se libertar dessas amarras, esse grande perigo para nossa gente poderá ser dado como derrotado por toda a Terra». No marxismo, em sua forma soviética, Cohn também detectou uma continuação da velha tradição milenar de profecia da violenta luta final para eliminar agentes da corrupção. Dessa vez é a burguesia que será vencida pelo proletariado, possibilitando o abatimento do Estado e o alcance de um reino pacífico. «O cúlaque está preparado para reprimir e massacrar centenas de milhares de trabalhadores; uma guerra brutal deve ser travada contra os cúlaques, morte a todos eles», esbravejava Lênin, e suas palavras, como as de Hitler, se tornaram ação.

Há trinta anos talvez fôssemos capazes de nos convencer de que o pensamento apocalíptico religioso contemporâneo era uma relíquia inofensiva de uma era pré-científica mais crédula em superstições, agora muito bem enterrada; no entanto, hoje a crença em profecias, em particular nas tradições cristã e islâmica, é uma força em nossa história contemporânea, uma locomotiva medieval que carrega nossas preocupações morais, geopolíticas e militares modernas. Os vários deuses celestes caprichosos — e decerto não se trata apenas do único e mesmo Deus que no passado se dirigiu a Abraão, Paulo ou Maomé — hoje indiretamente se comunicam conosco todos os dias através dos jornais televisivos. Esses deuses distintos se mesclaram de forma inextricável à nossa política e às nossas diferenças políticas. Nossa cultura secular e científica não substituiu ou mesmo desafiou à exaustão esses sistemas sobrenaturais falhos mutuamente incompatíveis. Os métodos científicos, o ceticismo e a racionalidade em geral ainda estão por encontrar uma narrativa abrangente de potência, simplicidade e atração suficientes para competir com as velhas histórias que dão significado à vida das pessoas. A seleção natural é uma explicação poderosa, elegante e econômica para a vida na Terra em toda a sua diversidade, e talvez contenha as sementes de um mito de criação que rivalize, que tenha a força adicional de ser verdadeiro, mas ainda está à espera de um sintetizador inspirado, de seu poeta, de seu Milton.

O grande biólogo americano E. O. Wilson sugeriu um divórcio ético da religião, e auferiu a partir do que chama de «biofilia» — nossa inata e profunda conexão com nosso ambiente natural — que um homem sozinho não consegue produzir um sistema moral. A ciência pode falar sobre o provável aumento do nível do mar e das temperaturas globais com números que ela constantemente refina em função de novos dados, porém isso no futuro humano não pode competir com a extravagância e sobretudo com a expressividade das profecias do Livro de Daniel ou do Apocalipse. Razão e mito continuam sendo parceiros que não se entendem. Em vez de se impor como um desafio, a ciência acabou, de maneiras óbvias, por fortalecer ainda mais o pensamento apocalíptico. Ela inclusive nos ofereceu meios para destruir por completo a nós mesmos e nossa civilização em poucas horas ou para espalhar um vírus mortal ao redor do globo em alguns dias. Nossas tecnologias de destruição cada vez mais abundantes e sua ainda maior disponibilidade aumentaram a possibilidade de que crentes de verdade, com toda a sua paixão ingênua, suas preces ardorosas pela chegada do fim dos tempos, pudessem levar a cabo tais profecias. Daniel Wojcik, no esplêndido estudo que mencionei antes, cita uma carta do cantor Pat Boone a seus companheiros cristãos. Uma guerra nuclear aberta é, por acaso, o que ele tem em mente. Ele diz:

> Suponho que não haja um único cristão
> conscienciosamente em vida que não acredite
> que estamos existindo no fim da história.
> Não sei como vocês se sentem quanto a
> isso, mas eu fico bem empolgado. Imagine só poder de fato testemunhar o que
> escreveu o apóstolo Paulo, «O Senhor em
> pessoa vindo do céu como um trovão».
> Uau! E os sinais de que isso está prestes a
> acontecer estão por toda parte.

Se essa possibilidade de uma catástrofe nuclear mundial parece muito pessimista, extravagante ou hilária, considere o caso de outro indivíduo de certo modo distante de Pat Boone, o presidente iraniano Ahmadinejad. Sua observação tão difundida sobre «varrer Israel da face da Terra» pode ter sido uma mera bravata do tipo que se ouve em qualquer sexta-feira pelas mesquitas ao redor do mundo. Mas essa postura, somada às suas ambições nucleares, se torna um pouco mais preocupante quando colocada no contexto de sua própria crença no fim dos tempos.

Em Jam Karan, uma vila não muito distante da cidade sagrada de Qum, uma pequena mesquita está passando por uma ampliação de 20 milhões de dólares, executada pelo governo de Ahmadinejad. Dentro da tradição apocalíptica xiita, espera-se que o 12º imã, o Mahdi que desapareceu no século IX, ressurja em um poço atrás da mesquita. Sua reaparição significará o início do fim dos dias. Ele liderará a batalha contra o Dajal, a versão islâmica do Anticristo e, tendo Jesus como seu seguidor, implementará o Dar Al Salam global, o Domínio da Paz sob o Islã. Ahmadinejad está ampliando a mesquita para receber o Mahdi e já é possível ver hordas de peregrinos visitando o santuário, uma vez que o presidente alertou seu gabinete que espera sua chegada dentro de dois anos. Considere o celebrado caso da novilha ou bezerra vermelha. No Monte do Templo, em Jerusalém, as histórias do fim dos tempos do judaísmo, do cristianismo e do islã convergem de duas maneiras: uma entrelaçada e outra exclusiva, ambas potencialmente explosivas. Elas constituem, a propósito, o material para o belo romance *The Damascus Gate* [O portão de Damasco], do escritor americano Bob Stone. O que se contesta de modo implacável não é apenas o passado e o presente, é o futuro. Dificilmente se pode fazer justiça e resumir as escatologias complexas que se debatem nesse espaço de catorze hectares. As histórias em si são conhecidas. Para os judeus, o Monte, o bíblico monte Moriah, é o local do Primeiro Templo, destruído por Nabucodonosor em 586 a.C., e do Segundo Templo, destruído pelos romanos em 70 d.C. De acordo com a tradição — e o que é de especial interesse para vários grupos um tanto controversos, incluindo o Temple Institute —, quando o Messias finalmente retornar, ele ocupará o Terceiro Templo, mas o Terceiro Templo não pode ser construído e portanto o Messias não retornará sem o sacrifício de uma novilha vermelha perfeitamente imaculada.

Para os muçulmanos, claro, o monte é o local da Cúpula da Rocha, edifício construído na mesma localidade dos dois templos, circundando o lugar exato de onde Maomé partiu para sua famosa jornada noturna ao paraíso, deixando para trás uma reverenciada pegada na rocha. Na tradição profética, o Dajal será um judeu que liderará uma guerra devastadora contra o islã. Tentativas de benzer a pedra fundamental de um novo templo são vistas como provocações da pior espécie, uma vez que isso implicaria a destruição da mesquita.

O simbolismo que cercou a visita de Ariel Sharon ao Monte em setembro de 2000 continua tendo uma interpretação profundamente distinta entre os muçulmanos e os judeus. Se vidas não estivessem em jogo, a contribuição fundamentalista cristã para essa mistura volátil pareceria comicamente cínica. Esses crentes profetas estão certos de que Jesus retornará no ápice da batalha do Armagedom, mas seu reino milenar, que assegurará a conversão de judeus e muçulmanos ao cristianismo, ou sua extinção, não poderá se iniciar até a construção do Terceiro Templo. E assim acontece de uma operação de criação de gado emergir em Israel com a ajuda de fazendeiros texanos cristãos fundamentalistas, no intuito de promover o nascimento de uma novilha completamente vermelha, e portanto, devemos supor, acelerar a chegada do fim dos tempos. Em 1997, houve um grande frisson, assim como uma boa dose de galhofa midiática, quando uma candidata promissora apareceu. Meses depois a celebrada bezerra arranhou os quartos numa cerca de arame farpado, o que fez com que pelos brancos passassem a crescer no local do ferimento, selando sua desqualificação. Para a ovação geral, outra novilha vermelha apareceu em 2002, mas logo foi seguida por outra frustração. Na estreita compressão da história, da religião e da política que envolve o Monte do Templo, a novilha não passa de um detalhe, de fato, mas sua busca, a esperança e o anseio que a cercam ilustram a tendência perigosa entre os crentes proféticos em proporcionar o cataclismo que acreditam que vai levá-los a formar o paraíso na Terra. A relutância do atual governo dos Estados Unidos em pôr em ação nos últimos seis anos uma vigorosa política com vistas a um acordo de paz entre Israel e Palestina pode se dever menos à pressão de grupos judaicos do que à escatologia da direita cristã.

Períodos de incerteza na história humana, de mudanças desconcertantes e instabilidade social parecem dar mais peso a essas velhas histórias. Não é preciso um romancista para dizer que, se toda narrativa tem um início, precisa de um fim. Onde existe um mito de criação, deve haver um capítulo final. Se um Deus criou o mundo, o poder de destruí-lo continua em suas mãos. Enquanto a esperteza ou a fraqueza humana forem evidentes, haverá fantasias culposas de retribuição sobrenatural. Enquanto as pessoas se encontrarem profundamente frustradas material ou espiritualmente, haverá sonhos de uma sociedade perfeita onde todos os conflitos são resolvidos e todas as necessidades acudidas. Até aí podemos compreender, ou polidamente fingir que compreendemos, mas o problema do fatalismo permanece. Em uma era nuclear e de extrema degradação ambiental, a crença no fim dos tempos cria um sério perigo de segunda ordem, uma lógica precária de interesse próprio que nos dividiu ao longo da Guerra Fria e que entraria em colapso se os líderes de apenas um Estado nuclear chegassem a acolher ou deixassem de temer a morte em massa. As palavras do aiatolá Khomeini são repetidas com aprovação no material escolar do ensino médio iraniano: «Ou apertamos as mãos uns dos outros em celebração da vitória do islã no mundo, ou voltamos todos a uma vida eterna de martírio. Em ambos os casos, a vitória e o sucesso são nossos». Se deixarmos que a temperatura global aumente porque damos voz a facções que dizem se tratar da vontade de Deus, então estaremos verdadeira e literalmente afundados.

Se eu fosse um crente, acho que preferiria estar do lado de Jesus, já que, de acordo com o Evangelho de Mateus, ele disse: «Ninguém sabe quando será o dia e a hora, nem os anjos no céu nem o filho, somente o Pai». Porém, até mesmo um cético consegue encontrar no acúmulo de expressões religiosas alegria, medo, amor e, acima de tudo, uma espécie de seriedade. Retomo Philip Larkin, um ateísta que também sabia o momento e a natureza da transcendência, e que escreveu certo dia uma famosa descrição de uma igreja: «Uma casa séria em uma terra séria, em cujo ar fundido todas as nossas compulsões se encontram, são reconhecidas e revestidas como destino. E esse pouco nunca será obsoleto, uma vez que as pessoas sempre se surpreenderão, uma fome intrínseca por serem levadas mais a sério».

E como alguém poderia ser mais sério do que o autor desta prece para a internalização dos mortos, do

Livro de Oração Comum, um encantamento de lúgubre encanto existencial, ainda mais nesta bela elaboração de Henry Purcell: «O homem que nasce de uma mulher possui apenas pouco tempo para viver e muita miséria. Ele cresce e é podado como uma flor; ele foge como se fosse uma sombra e nunca segue firme em uma direção». Terrivelmente revisada na Bíblia moderna, eu diria.

A crença no apocalipse é dependente da fé, daquela luminosa convicção interna que não necessita de evidências. Costuma-se apresentar contra a fé inquebrantável os motores da razão, mas nesse caso prefiro outro delicioso impulso humano, a curiosidade, a marca da liberdade de pensamento. Religiões organizadas sempre tiveram, e digo isso de forma branda, uma relação turbulenta com a curiosidade. A desconfiança do islã, ao menos nos últimos duzentos anos, é mais bem ilustrada por sua atitude em relação àqueles que perdem a fé, ou aos apóstatas atraídos por outras religiões ou por nenhuma delas. Recentemente, em 1975, o mufti da Arábia Saudita, Bin Baz, citou em uma fátua o seguinte: «Aqueles que alegam que a Terra é redonda e que se move ao redor do Sol são apóstatas e seu sangue pode ser derramado, e suas propriedades podem ser tomadas em nome de Deus». Dez anos mais tarde, você ficará aliviado em saber, ele finalmente rescindiu esse julgamento.

O islamismo convencional prescreve rotineiramente castigos aos apóstatas que vão do ostracismo ao espancamento e até à morte. Entrar em um dos muitos sites em que os apóstatas muçulmanos trocam experiências anônimas é descobrir um mundo de homens e mulheres corajosos e aterrorizados, que sucumbiram à sua insatisfação ou à sua curiosidade intelectual, e os cristãos não devem ser arrogantes. O primeiro mandamento, sobre o sofrimento da morte, se tomado literalmente, indica: «Não terás outros deuses diante de mim» (Ex 20:3). No século IV, santo Agostinho condensou bem tal questão para a cristandade, e essa visão acabou prevalecendo durante muito tempo. Ele escreveu: «Há outro tipo de tentação ainda mais carregada de perigo, que é a enfermidade da curiosidade. Esta nos leva a desejar e descobrir os segredos da natureza que estão além de nossa compreensão, que não nos servem de nada e que o homem não deveria desejar revelar». Contudo, é a curiosidade, a curiosidade científica, a curiosidade humana, que nos guarnece com um conhecimento genuinamente experimentável do mundo e contribui para nosso entendimento do lugar que ocupamos nele, de nossa natureza e nossa condição. Eu argumentaria que esse conhecimento possui uma beleza própria e que pode ser assustador. Mal estamos começando a apreender as implicações do conhecimento que adquirimos há relativamente pouco tempo. E o que exatamente aprendemos? Vou me basear aqui em um artigo que Steve Pinker escreveu, e adaptá-lo, de certa forma, para sua universidade ideal. Entre outras coisas, aprendemos que nosso planeta é apenas uma ínfima mancha na vastidão do cosmo; que nossa espécie existe há uma minúscula fração da história da Terra; que os humanos são primatas; que a mente é a atividade de um órgão que funciona mediante processos psicológicos; que há métodos para determinar a verdade que podem nos forçar a conclusões que violam nosso senso comum, às vezes radicalmente em escalas enormes ou bem pequenas; que as crenças mais preciosas e abrangentes, quando sujeitas a testes empíricos, muitas vezes são cruelmente desmentidas, mas que não podemos criar energia ou usá-la sem perdas.

À luz de como as coisas estão depois de mais de um século de pesquisas diretas ou indiretas em variados campos, não há evidência alguma de que possamos prever o futuro ou que ele projete qualquer traço no presente. É melhor se voltar diretamente para o passado, para seu ferro-velho de futuros não realizados, uma vez que é a curiosidade sobre a história que deveria oferecer àqueles que creem no fim dos tempos uma pausa razoável quando refletem que estão em um contínuo, em uma longa e monótona tradição milenar que fantasiou uma salvação iminente para eles próprios e a perdição de todo o resto. Em um dos inúmeros sites dedicados ao fim dos tempos que abarrotam a internet, há uma seção voltada a responder perguntas frequentes. Uma delas indaga o que acontecerá com as crianças de outras fés quando o Senhor vier. A resposta é firme, não se desespere: «Pais ímpios acabam levando julgamento a seus filhos». À luz dessa resposta, é possível concluir que a fé no fim dos tempos é provavelmente imune às lições históricas, assim como aos fundamentos da decência humana. Se de fato nos destruirmos, podemos pressupor que a reação geral será de terror e pesar em relação à falta de propósito de tudo, e não de êxtase. Na memória recente, estivemos muito perto de extinguir nossa civilização quando, em outubro de 1962, a Armada soviética que carregava ogivas nucleares para instalações em Cuba foi confrontada por um bloqueio da Marinha americana, e o mundo parou atônito para saber se Kruschev ordenaria que seus navios dessem meia-volta.

Parece-me extraordinário quão pouco desse terrível evento sobrevive na memória do povo, no folclore moderno, quero dizer. Na vasta literatura a respeito — a crise teve repercussões militares, políticas e diplomáticas —, quase não se mencionam os efeitos sobre a vida das pessoas comuns, nas casas, nas escolas e nos locais de trabalho; sobre o medo e a geral incompreensão apática da população como um todo. O medo não passou a fazer parte da narrativa nacional nem aqui nem em qualquer outro lugar com tanta vivacidade como seria de se esperar. Um historiador colocou da seguinte forma: «Quando a crise acabou, a maior parte das pessoas desviou a atenção tão rapidamente quanto uma criança levanta uma pedra, vê algo lodoso sob ela e a deixa cair de volta». Talvez o assassinato do presidente Kennedy no ano seguinte tenha ajudado a ofuscar a memória popular da crise dos mísseis; o assassinato em Dallas se tornou um marco na história das transmissões de notícias instantaneamente globalizadas. Uma enorme proporção da população mundial parece conseguir se lembrar onde estava quando soube da notícia; tipicamente, fundindo esses dois eventos, Christopher Hitchens dá início a seu artigo sobre a Crise dos Mísseis Cubanos com as seguintes palavras: «Como todo o restante de minha geração, lembro-me exatamente onde eu estava e o que fazia no dia em que o presidente John Fitzgerald Kennedy quase me matou». O paraíso não deu nem sinal durante as tensas horas da crise, mas, como observa Hitchens, o mundo ficou mais perto do que nunca das portas do inferno.

Comecei com a ideia da fotografia como um inventário da mortalidade e vou finalizar com uma fotografia de uma morte coletiva. Ela apresenta chamas violentas e fumaça subindo de um prédio em Waco, no Texas, no fim do cerco de 51 dias no ano de 1993. O grupo em questão era uma divisão dos davidianos, um ramo da Igreja Adventista do Sétimo Dia. Seu líder, David Koresh, era um homem mergulhado na teologia bíblica do fim dos tempos, convencido de que os Estados Unidos eram a Babilônia, de que o agente de Satã era a Agência do Álcool, do Tabaco e das Armas de Fogo e de que o FBI pretendia destruir os que ainda praticavam o sabá. Ele renasceria do fogo purificador suicida para testemunhar a aurora de um novo reino. Eis, pois, a ironia póstuma de Susan Sontag, como uma Europa medieval recriada na forma de um homem carismático, um messias, um mensageiro de Deus, o arauto da verdade perfeita, que exercia poder sexual sobre suas seguidoras e as persuadia a carregar seus filhos no intuito de começar uma nova linha davidiana. Nesse inferno nefasto, várias crianças, suas mães e tantos outros seguidores morreram.

Mais outros tantos pereceram dois anos depois quando Timothy McVeigh, vingando-se do governo pelo ataque a Waco, perpetrou sua chacina em Oklahoma City. Não é à toa que um dos sintomas apontados e descritos por psiquiatras durante o desenvolvimento de uma psicose seja «religiosidade».

Será que ainda não atingimos o estágio nas políticas públicas de encarar como obviedade o fato de que não temos evidências suficientes do passado para crer em um futuro predeterminado e que todos os indícios de nossa preciosa racionalidade humana sugerem que nosso futuro não é fixo? Não temos razão para acreditar que há datas inscritas no céu ou no inferno; podemos um dia acabar nos destruindo, ou podemos chegar bem perto de fazê-lo. Confrontar essa incerteza é a obrigação de nossa maturidade, nosso único estímulo de ação sensato. Os crentes já deveriam ter compreendido no fundo do coração que, se estiverem certos e houver de fato um Deus bom e vigilante, ele não deixa de ser também – as tragédias diárias, a morte de tantas crianças atestam – um interventor. O restante de nós, diante da falta de qualquer evidência contrária, sabe que é extremamente improvável que haja alguém lá no alto. De qualquer forma, pouco importa quem está errado, não haverá ninguém para nos salvar a não ser nós mesmos.

Obrigado.

BIBLIOTECA ANTAGONISTA

1. ISAIAH BERLIN | **Uma mensagem para o século XXI**
2. JOSEPH BRODSKY | **Sobre o exílio**
3. E. M. CIORAN | **Sobre a França**
4. JONATHAN SWIFT | **Instruções para os criados**
5. PAUL VALÉRY | **Maus pensamentos & outros**
6. DANIELE GIGLIOLI | **Crítica da vítima**
7. GERTRUDE STEIN | **Picasso**
8. MICHAEL OAKESHOTT | **Conservadorismo**
9. SIMONE WEIL | **Pela supressão dos partidos políticos**
10. ROBERT MUSIL | **Sobre a estupidez**
11. ALFONSO BERARDINELLI | **Direita e esquerda na literatura**
12. JOSEPH ROTH | **Judeus errantes**
13. LEOPARDI | **Pensamentos**
14. MARINA TSVETÁEVA | **O poeta e o Tempo**
15. PROUST | **Contra Sainte-Beuve**

16. GEORGE STEINER | **Aqueles que queimam livros**

17. HOFMANNSTHAL | **As palavras não são deste mundo**

18. JOSEPH ROTH | **Viagem na Rússia**

19. ELSA MORANTE | **Pró ou contra a bomba atômica**

20. STIG DAGERMAN | **A política do impossível**

21. MASSIMO CACCIARI - PAOLO PRODI | **Ocidente sem utopias**

22. ROGER SCRUTON | **Confissões de um herético**

23. DAVID VAN REYBROUCK | **Contra as eleições**

24. V.S. NAIPAUL | **Ler e escrever**

25. DONATELLA DI CESARE | **Terror e modernidade**

26. W. L. TOCHMAN | **Como se você comesse uma pedra**

27. MICHELA MURGIA | **Instruções para se tornar um fascista**

28. MARINA GARCÉS | **Novo esclarecimento radical**

29. IAN McEWAN | **Blues do fim dos tempos**

ISBN 978-85-92649-53-1

PAPEL: **Polen Bold 90 gr**

IMPRESSÃO: **Artes Gráficas Formato**
PRODUÇÃO: **Zuane Fabbris editor**

1ª edição Novembro 2019
© 2019 EDITORA ÂYINÉ